IA en la vi cotidiana

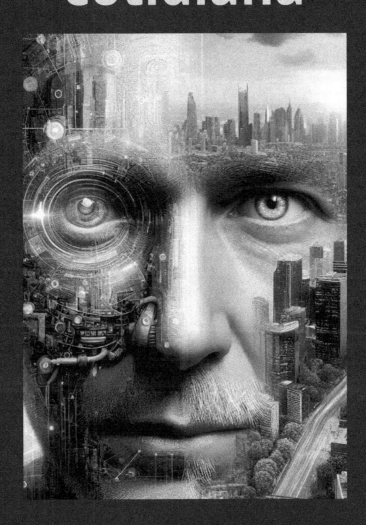

Cómo la IA Está Transformando el Mundo

1

Fabio Garcia

📖 Índice Detallado

📌 Introducción

📌 INTRODUCCIÓN
¿Qué es la inteligencia artificial (IA)?

La inteligencia artificial (IA) es una rama de la informática que desarrolla sistemas capaces de realizar tareas que normalmente requieren inteligencia humana, como el reconocimiento de voz, el aprendizaje y la toma de decisiones. Gracias a los avances tecnológicos y al acceso a grandes volúmenes de datos, la IA se ha convertido en una herramienta clave en múltiples ámbitos de la vida cotidiana.

Breve historia de la IA y su evolución

La IA ha evolucionado significativamente desde su conceptualización en la década de 1950. A continuación, un breve recorrido por sus hitos más importantes:

- **1950:** Alan Turing introduce el "Test de Turing", un criterio para evaluar la inteligencia de una máquina.

- **1956:** Se acuña el término "inteligencia artificial" en la Conferencia de Dartmouth, dando inicio formal a la disciplina.

- **Década de 1980:** Surgen los primeros sistemas expertos y avances en redes neuronales.

- **Años 2000 en adelante:** La explosión de los datos, la mejora en el hardware y la evolución de algoritmos impulsan el desarrollo del aprendizaje automático y el deep learning.

Actualidad: La IA se integra en múltiples sectores, desde la medicina hasta la industria del entretenimiento, generando grandes impactos en la sociedad.

Importancia de la IA en la vida moderna

Hoy en día, la IA está presente en numerosos aspectos de nuestra vida:

- Asistentes virtuales: Siri, Alexa y Google Assistant facilitan tareas diarias.

- Salud: Diagnósticos asistidos por IA y desarrollo de tratamientos personalizados.

- Finanzas: Algoritmos que detectan fraudes y automatizan inversiones.

- Educación: Plataformas de aprendizaje adaptativo y chatbots educativos.

- Automoción: Vehículos autónomos y sistemas de asistencia al conductor.

La IA no solo optimiza procesos, sino que también abre la puerta a nuevas oportunidades y desafíos en todos los sectores.

Objetivos del libro

Este libro tiene como propósito explicar, de manera clara y accesible, cómo la IA está transformando nuestra vida cotidiana. A lo largo de los capítulos, exploraremos:

- Los conceptos fundamentales de la IA y sus aplicaciones.

- Su impacto en el hogar, el trabajo, la salud, la educación y el entretenimiento.

- Los retos éticos y sociales que conlleva su uso.

- Las tendencias futuras y el papel de la IA en los próximos años.

CAPÍTULO 1: CONCEPTOS FUNDAMENTALES DE LA INTELIGENCIA ARTIFICIAL

¿Qué es la inteligencia artificial?

La inteligencia artificial (IA) es un campo de la informática que busca desarrollar sistemas capaces de realizar tareas que normalmente requieren inteligencia humana, como el reconocimiento de voz, la toma de decisiones, la resolución de problemas y el aprendizaje. Se basa en algoritmos avanzados y grandes volúmenes de datos para mejorar su desempeño con el tiempo.

¿Cómo funciona la IA?

La IA opera mediante el uso de algoritmos y modelos matemáticos que analizan datos y generan predicciones o acciones automatizadas. Se apoya en tres pilares fundamentales:

- Datos: La IA requiere grandes cantidades de datos para entrenar sus modelos.

- Algoritmos: Son reglas matemáticas que permiten procesar los datos y tomar decisiones.

- Capacidad de cómputo: El procesamiento de datos a gran escala necesita hardware especializado, como GPUs y TPUs.

Tipos de inteligencia artificial

La IA se clasifica en varias categorías según su nivel de capacidad y autonomía:

- IA débil (narrow AI): Sistemas diseñados para realizar tareas específicas, como asistentes virtuales (Siri, Alexa) o algoritmos de recomendación (Netflix, YouTube).

- IA Fuerte (General AI): Teóricamente, sería capaz de realizar cualquier tarea intelectual que un humano puede hacer, aunque aún no se ha desarrollado completamente.

- Superinteligencia artificial: Un concepto hipotético en el que una IA superaría la inteligencia humana en todos los aspectos.

Diferencias entre Machine Learning y Deep Learning

- **Machine Learning (ML):** Rama de la IA que permite a las máquinas aprender de datos sin ser programadas explícitamente. Ejemplo: motores de recomendación de productos en Amazon.

- **Deep Learning (DL):** Subcategoría del ML que utiliza redes neuronales profundas para procesar grandes volúmenes de datos. Ejemplo: el reconocimiento facial en Facebook.

IA vs. Automatización

Aunque suelen confundirse, la IA y la automatización son diferentes:

- **Automatización:** Se basa en reglas predefinidas para ejecutar tareas repetitivas (por ejemplo, un software que genera facturas automáticamente).

- **IA:** Aprende y mejora con el tiempo, pudiendo adaptarse a nuevos escenarios sin intervención humana constante.

Impacto de la IA en la sociedad

La IA está revolucionando múltiples sectores, desde la salud hasta la educación, facilitando procesos, mejorando la eficiencia y ofreciendo soluciones innovadoras. Sin embargo, plantea desafíos éticos y sociales que requieren regulación y análisis constante.

Este capítulo ofrece una base sólida para entender qué es la IA, cómo funciona y cómo se clasifica. En los siguientes capítulos exploraremos su impacto en la vida cotidiana.

◆ CAPÍTULO 2:
IA en el Hogar y la Vida Cotidiana

La inteligencia artificial ha transformado la forma en que interactuamos con nuestro entorno, facilitando tareas cotidianas y optimizando el consumo de recursos. En este capítulo, exploraremos cómo la IA ha revolucionado la vida en el hogar a través de asistentes virtuales, domótica, seguridad y electrodomésticos inteligentes.

Asistentes Virtuales: Alexa, Siri y Google Assistant

Los asistentes virtuales basados en inteligencia artificial han evolucionado significativamente en los últimos años, convirtiéndose en herramientas esenciales para la automatización del hogar y la asistencia personal.

Funcionamiento y capacidades

Los asistentes como Alexa, Siri y Google Assistant utilizan procesamiento de lenguaje natural (PLN) y machine learning para comprender y responder a comandos de voz. Gracias a la integración con otros dispositivos inteligentes, pueden realizar tareas como:

- Control de dispositivos domésticos (luces, termostatos, cerraduras, etc.).

- Realización de búsquedas en internet y respuestas a preguntas.
- Reproducción de música y contenidos multimedia.
- Realización de compras en línea.

Ventajas y desafíos

Si bien los asistentes virtuales mejoran la comodidad y accesibilidad en el hogar, también presentan desafíos, como la privacidad y la dependencia tecnológica. Los fabricantes han implementado medidas de seguridad como encriptación de datos y opciones para desactivar la escucha activa.

Dispositivos inteligentes y domótica (IoT + IA)

La integración de la IA con el Internet de las Cosas (IoT) ha permitido la creación de ecosistemas de domótica altamente eficientes. Estos dispositivos se comunican entre sí y se optimizan automáticamente para mejorar la calidad de vida de los usuarios.

Ejemplos de dispositivos inteligentes en el hogar

- **Termostatos inteligentes (Nest, Ecobee) que ajustan la temperatura según las preferencias y hábitos del usuario.**

- **Iluminación automatizada (Philips Hue, LIFX) que se adapta a las necesidades de cada momento.**

- **Asistentes de limpieza como robots aspiradores (Roomba, Roborock) que optimizan rutas y tiempos de limpieza.**

- **Espejos inteligentes con reconocimiento facial que muestran información útil como el clima o la agenda diaria.**

Beneficios clave

- Ahorro energético mediante la automatización.

- Mayor comodidad y personalización.

- Integración con otros sistemas de IA para una experiencia fluida.

Sin embargo, la seguridad cibernética es una preocupación, ya que estos dispositivos pueden ser vulnerables a ataques si no se implementan medidas de protección adecuadas.

IA en la seguridad del hogar

La inteligencia artificial ha revolucionado la seguridad doméstica mediante el uso de cámaras inteligentes, sensores avanzados y reconocimiento facial.

Sistemas de seguridad con IA

- Cámaras de vigilancia inteligentes (Ring, Arlo, Nest Cam) con detección de movimiento y reconocimiento facial para diferenciar entre residentes y extraños.

- Sensores de puertas y ventanas que alertan en caso de actividad sospechosa.

- Sistemas de alarmas automatizados que se activan o desactivan según patrones de comportamiento del usuario.

Ventajas en seguridad

- Notificaciones en tiempo real a dispositivos móviles.

- Reducción de falsas alarmas mediante el análisis inteligente de movimientos.

- Integración con otros sistemas para un hogar más seguro.

El principal reto en este ámbito es la privacidad, ya que algunos dispositivos almacenan datos en la nube, lo que genera preocupaciones sobre su manejo y acceso no autorizado.

Electrodomésticos inteligentes y optimización del consumo energético

Los electrodomésticos han evolucionado con la incorporación de inteligencia artificial, mejorando la eficiencia y el consumo energético en el hogar.

Ejemplos de electrodomésticos con IA

- Refrigeradores inteligentes (Samsung Family Hub, LG InstaView) que gestionan inventarios y sugieren recetas.

- Lavadoras con IA que optimizan ciclos de lavado según la carga y el tipo de tejido.

- Hornos inteligentes con sensores que ajustan automáticamente la temperatura y el tiempo de cocción.

Impacto en el consumo energético

- Reducción del desperdicio de recursos mediante ajustes automatizados.

- Mayor vida útil de los electrodomésticos gracias al mantenimiento predictivo.

- Integración con redes eléctricas inteligentes para minimizar el consumo en horas pico.

Aunque estos avances facilitan la vida diaria, los costos iniciales y la compatibilidad con otros sistemas pueden ser factores limitantes para su adopción masiva.

La inteligencia artificial ha modificado profundamente la manera en que interactuamos con nuestros hogares, aportando comodidad, eficiencia y seguridad. Sin embargo, también plantea desafíos en términos de privacidad, costos y dependencia tecnológica. A medida que la IA continúa evolucionando, es crucial encontrar un equilibrio entre sus beneficios y los riesgos potenciales para garantizar su integración óptima en la vida cotidiana.

◆ CAPÍTULO 3:
IA en el trabajo y la productividad

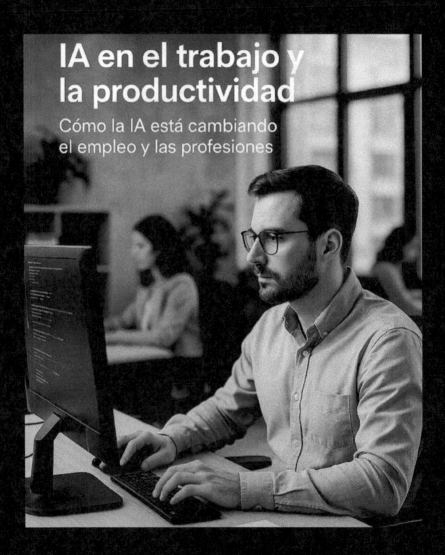

Cómo la IA está cambiando el empleo y las profesiones

La inteligencia artificial está transformando el mundo laboral a una velocidad sin precedentes. Desde la automatización de tareas hasta el análisis avanzado de datos, la IA no solo optimiza procesos, sino que también redefine el papel de los trabajadores en diversos sectores. Aunque algunos empleos están en riesgo de desaparición debido a la automatización, surgen nuevas oportunidades en el desarrollo, mantenimiento y supervisión de sistemas inteligentes.

En este contexto, las habilidades laborales también están evolucionando. La capacidad de trabajar con IA, interpretar sus resultados y tomar decisiones basadas en sus análisis se vuelve crucial. Adaptarse a este cambio implica una constante actualización de conocimientos y una mentalidad flexible frente a las nuevas tecnologías.

Automatización de tareas: herramientas de IA para empresas

La automatización impulsada por IA está revolucionando la manera en que operan las empresas, aumentando la eficiencia y reduciendo costos. Herramientas de procesamiento de lenguaje natural, visión por computadora y algoritmos de aprendizaje automático permiten la ejecución de tareas repetitivas con mayor rapidez y precisión que los humanos.

Algunos ejemplos clave incluyen:

- **Chatbots y asistentes virtuales:** Mejoran la atención al cliente, respondiendo consultas frecuentes y brindando soporte 24/7.

- **Automatización de procesos robóticos (RPA): Programas que ejecutan tareas administrativas rutinarias, como el procesamiento de facturas o la gestión de inventarios.**

- **Plataformas de generación de contenido: IA como GPT-4 puede redactar informes, resúmenes y otros documentos de manera eficiente.**

- **Software de gestión financiera:**

Algoritmos de IA pueden predecir tendencias financieras, optimizar inversiones y detectar fraudes en tiempo real.

Si bien la automatización permite a las empresas reducir errores y tiempos de producción, también plantea desafíos, como la reubicación de empleados cuyas funciones son reemplazadas por la tecnología. La capacitación y el aprendizaje continuo son esenciales para mitigar estos efectos y aprovechar las oportunidades emergentes.

IA y toma de decisiones: análisis de datos y predicción de tendencias

La toma de decisiones empresariales ha evolucionado gracias a la capacidad de la IA para analizar grandes volúmenes de datos y generar predicciones precisas. A través del aprendizaje automático y la minería de datos, los sistemas inteligentes pueden identificar patrones, anticipar riesgos y recomendar estrategias optimizadas.

Las aplicaciones más relevantes incluyen:

- Análisis de mercado: IA evalúa tendencias de consumo y comportamiento del cliente para mejorar estrategias de marketing y ventas.

- Predicción de demanda: Algoritmos analizan datos históricos y variables externas para prever la demanda de productos o servicios.

- Optimización de la cadena de suministro: IA ayuda a gestionar inventarios, rutas de distribución y tiempos de entrega con mayor eficiencia.

- Detección de anomalías y riesgos: Sistemas de IA identifican fraudes financieros, ciberamenazas y otras irregularidades antes de que ocurran problemas graves.

Gracias a la IA, las empresas pueden tomar decisiones informadas y basadas en datos en lugar de depender exclusivamente de la intuición o experiencia pasada. Sin embargo, también es fundamental la interpretación humana para contextualizar los resultados y garantizar decisiones éticas y alineadas con los objetivos organizacionales.

IA en la gestión de recursos humanos y selección de personal

Algunas de sus aplicaciones clave incluyen:

Reclutamiento y selección: **Algoritmos analizan currículums, identifican habilidades y** comparan candidatos con los requisitos del puesto.

- **Entrevistas automatizadas:** Sistemas de IA pueden evaluar el tono de voz, lenguaje corporal y respuestas de los postulantes en entrevistas virtuales.

- **Análisis de clima organizacional:** Herramientas de IA detectan patrones en encuestas de empleados y feedbacks internos para mejorar el ambiente laboral.

- **Capacitación personalizada:** Plataformas de aprendizaje impulsadas por IA ofrecen contenido adaptado a las necesidades individuales de cada empleado.

A pesar de sus ventajas, el uso de IA en recursos humanos también presenta desafíos éticos. Es fundamental garantizar la transparencia en los procesos, evitar la discriminación algorítmica y complementar la tecnología con la supervisión humana para tomar decisiones justas y equitativas.

La IA está redefiniendo la manera en que trabajamos, optimizando procesos y facilitando la toma de decisiones. Si bien la automatización plantea desafíos en términos de empleabilidad y ética, también abre nuevas oportunidades para la innovación y el desarrollo profesional. La clave para un futuro laboral exitoso en la era de la IA radica en la adaptabilidad, la capacitación constante y una integración equilibrada entre tecnología y factor humano.

◆ CAPÍTULO 4:
IA en la Salud y la Medicina
Diagnóstico médico asistido por IA

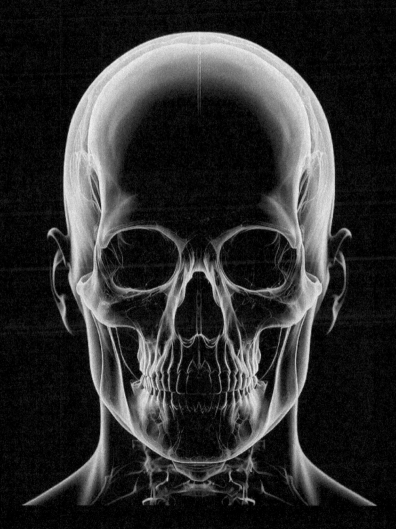

La inteligencia artificial ha transformado el diagnóstico médico al proporcionar herramientas avanzadas para la detección temprana de enfermedades y la mejora en la precisión diagnóstica. A través del aprendizaje profundo y el análisis de grandes volúmenes de datos, los sistemas de IA pueden identificar patrones en imágenes médicas, pruebas de laboratorio e historiales clínicos que podrían pasar desapercibidos para los médicos humanos.

Algunos de los principales avances incluyen:

Radiología y patología digital: Algoritmos de IA analizan radiografías, tomografías y resonancias magnéticas para detectar anomalías como tumores, fracturas y enfermedades pulmonares.

- Diagnóstico de enfermedades cardiovasculares: Modelos predictivos analizan electrocardiogramas y otros datos clínicos para detectar arritmias, insuficiencia cardíaca y otros trastornos cardíacos antes de que se manifiesten síntomas graves.

- Análisis de datos genéticos y biomarcadores: La IA ayuda a identificar predisposiciones genéticas a enfermedades como el cáncer o enfermedades neurodegenerativas, permitiendo tratamientos preventivos y personalizados.

- Procesamiento de historiales médicos: Mediante el análisis automatizado de registros clínicos electrónicos, la IA puede detectar patrones de riesgo, correlaciones entre síntomas y posibles errores en diagnósticos anteriores.

La implementación de estos sistemas no solo acelera el diagnóstico, sino que también reduce la carga de trabajo de los profesionales de la salud, permitiéndoles enfocarse en la atención directa al paciente.

Cirugías robóticas y tratamientos personalizados

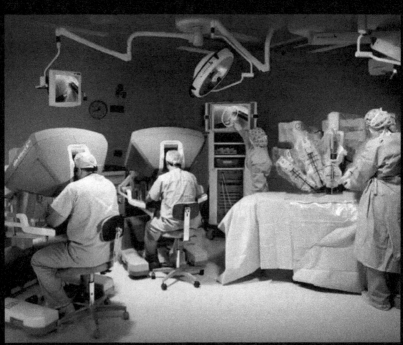

Uno de los mayores avances en la aplicación de IA en medicina es la cirugía asistida por robots, que permite una precisión sin precedentes en procedimientos quirúrgicos complejos. Sistemas como el Da Vinci Surgical System permiten a los cirujanos realizar operaciones mínimamente invasivas con mayor precisión, reduciendo los riesgos y acelerando la recuperación del paciente.

Los beneficios de la IA en cirugía incluyen:

- Mayor precisión y menor margen de error: Los robots quirúrgicos pueden realizar incisiones con una exactitud milimétrica.

- Cirugías menos invasivas: Se reducen el tiempo de recuperación y las complicaciones postoperatorias.

- Capacitación quirúrgica mediante simulaciones: **La IA permite la formación de cirujanos a través de modelos virtuales en 3D y simulaciones interactivas.**

Por otro lado, la IA también juega un papel clave en la personalización de tratamientos médicos. Gracias al análisis de biomarcadores y datos genéticos, los médicos pueden diseñar terapias individualizadas para cada paciente. Ejemplos incluyen:

- Medicina de precisión para el cáncer: **La IA analiza la composición genética del tumor para diseñar tratamientos personalizados.**

Terapias basadas en IA para enfermedades autoinmunes: **Se utilizan algoritmos predictivos**

48

para determinar qué fármaco tendrá mayor efectividad en cada paciente.

- Optimización de dosis de medicamentos: La IA calcula la dosis óptima de fármacos en función del metabolismo y otros factores individuales del paciente.

IA en la investigación de enfermedades y desarrollo de fármacos

El proceso tradicional de descubrimiento y desarrollo de medicamentos es costoso y puede tardar años en completarse. La IA ha revolucionado este campo al acelerar el análisis de compuestos químicos y la identificación de potenciales tratamientos.

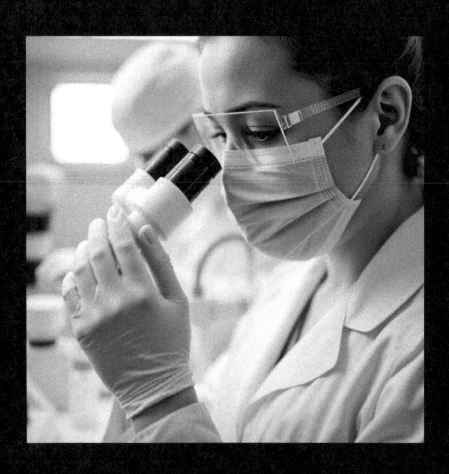

Principales aplicaciones:

• Descubrimiento de fármacos: Algoritmos de IA analizan grandes bases de datos químicas para encontrar moléculas con potencial terapéutico.

- Optimización de ensayos clínicos: Se utilizan modelos de IA para predecir qué pacientes responderán mejor a determinados tratamientos, reduciendo el tiempo y los costos de los ensayos clínicos.

- Simulación de interacciones farmacológicas: La IA ayuda a prever efectos adversos y reacciones entre medicamentos antes de la fase de pruebas en humanos.

Ejemplo de éxito: Durante la pandemia de COVID-19, empresas como DeepMind utilizaron IA para predecir la estructura de proteínas virales, acelerando la investigación de vacunas y tratamientos.

Aplicaciones de salud mental: chatbots y terapia digital

La inteligencia artificial también ha irrumpido en el campo de la salud mental, ofreciendo herramientas accesibles para la terapia y el bienestar emocional. Los chatbots terapéuticos y aplicaciones de IA pueden proporcionar apoyo psicológico inmediato a personas que no tienen acceso a atención profesional o que requieren seguimiento continuo.

Ejemplos de aplicaciones de IA en salud mental:

- Chatbots terapéuticos: Programas como Woebot y Wysa utilizan IA para brindar orientación emocional basada en técnicas de terapia cognitivo-conductual (TCC)

- Monitoreo de emociones mediante IA: Algunas aplicaciones analizan patrones de voz y escritura para detectar signos tempranos de ansiedad, depresión o estrés postraumático.

- Plataformas de terapia digital:

Empresas como Talkspace y BetterHelp combinan IA con sesiones en línea para mejorar la accesibilidad a la terapia psicológica.

- Predicción de crisis emocionales: Algoritmos de aprendizaje automático pueden analizar patrones de comportamiento y actividad en redes sociales para detectar signos de riesgo suicida o trastornos mentales emergentes.

Si bien la IA no reemplaza a los terapeutas humanos, sí complementa el tratamiento tradicional al proporcionar apoyo constante y reducir la carga sobre los sistemas de salud mental.

La inteligencia artificial ha revolucionado el sector de la salud, mejorando el diagnóstico, la cirugía, la investigación farmacológica y la atención psicológica. Sin embargo, su implementación plantea desafíos éticos y regulatorios que deben abordarse para garantizar su uso responsable. La combinación de IA con la supervisión médica humana permitirá maximizar sus beneficios, asegurando una atención de salud más precisa, eficiente y personalizada en el futuro.

◆ CAPÍTULO 5: IA en la Educación y el Aprendizaje

Plataformas de aprendizaje adaptativo

La inteligencia artificial ha revolucionado la educación a través del aprendizaje adaptativo, permitiendo personalizar la enseñanza según las necesidades de cada estudiante. Estas plataformas utilizan algoritmos de IA para analizar el rendimiento, la velocidad de aprendizaje y las dificultades específicas de los alumnos, ajustando el contenido y los métodos de enseñanza en tiempo real.

Beneficios del aprendizaje adaptativo:

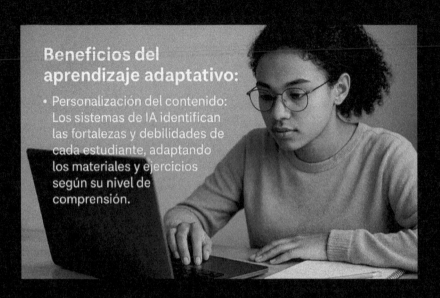

Beneficios del aprendizaje adaptativo:

• Personalización del contenido: Los sistemas de IA identifican las fortalezas y debilidades de cada estudiante, adaptando los materiales y ejercicios según su nivel de comprensión.

- **Personalización del contenido: Los sistemas de IA identifican las fortalezas y debilidades de cada estudiante, adaptando los materiales y ejercicios según su nivel de comprensión.**

Retroalimentación inmediata: La IA puede detectar errores en

tiempo real y ofrecer explicaciones o ejercicios adicionales para reforzar conceptos.

- **Optimización del tiempo de estudio:** Al enfocarse en las áreas que requieren más atención, se mejora la eficiencia del aprendizaje.

- **Accesibilidad y equidad:** Permite a los estudiantes con diferentes capacidades y estilos de aprendizaje recibir apoyo adaptado a sus necesidades.

- **Aprendizaje basado en datos:** A través del análisis de grandes volúmenes de información, las plataformas pueden predecir qué estrategias funcionan mejor para cada estudiante.

Ejemplo: Plataformas como Khan Academy, Duolingo y Coursera utilizan IA para personalizar la experiencia de aprendizaje, sugiriendo lecciones y ejercicios basados en el progreso del usuario.

Chatbots educativos y tutores virtuales

Los chatbots y tutores virtuales impulsados por IA están transformando la forma en que los estudiantes acceden a la información y reciben asistencia académica. Estas herramientas ofrecen respuestas instantáneas, explicaciones detalladas y guían a los alumnos a lo largo de su proceso de aprendizaje.

Aplicaciones de los chatbots educativos:

- Asistencia personalizada: Los chatbots responden preguntas y ofrecen explicaciones detalladas en tiempo real.

- Disponibilidad 24/7: A diferencia de los profesores humanos, los asistentes virtuales están disponibles en cualquier momento del día.

- Gamificación del aprendizaje: Algunos sistemas integran elementos interactivos, juegos y recompensas para motivar a los estudiantes.

- Traducción y apoyo en idiomas: La IA permite la traducción automática y la adaptación de contenido en múltiples lenguas para una educación global.

- Interacción conversacional avanzada: Los nuevos modelos de IA permiten diálogos más naturales, facilitando la comprensión de conceptos complejos.

- Tutoría personalizada: Los tutores virtuales pueden adaptarse a las necesidades individuales, proponiendo ejercicios y explicaciones ajustadas a cada estudiante.

Ejemplo: Socratic by Google y ChatGPT educativo son herramientas que ayudan a resolver dudas académicas proporcionando respuestas detalladas y referencias de calidad.

IA en la evaluación y personalización del aprendizaje

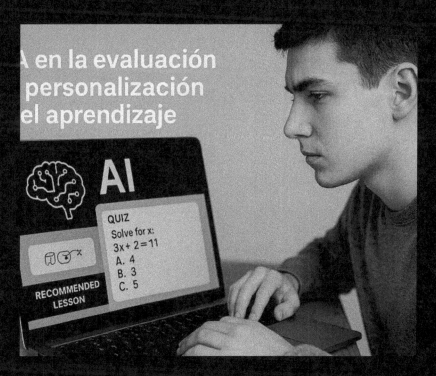

El uso de inteligencia artificial en la evaluación educativa ha mejorado la objetividad y eficiencia en la medición del progreso estudiantil. Gracias al análisis de datos y la automatización de procesos, los sistemas de IA pueden evaluar tanto respuestas objetivas como ensayos escritos con gran precisión.

Aplicaciones de la IA en la evaluación:

- **Corrección automatizada de exámenes:** Algoritmos avanzados analizan respuestas de opción múltiple, redacciones y ejercicios matemáticos.

- **Detección de patrones de aprendizaje:** La IA identifica tendencias en el desempeño de los estudiantes y sugiere estrategias para mejorar su comprensión.

- **Análisis de desempeño en tiempo real:** Los profesores pueden acceder a informes detallados sobre el progreso individual y colectivo de los alumnos.

- **Prevención de la deserción escolar:** Sistemas predictivos identifican señales de bajo rendimiento o falta de compromiso, permitiendo intervenciones tempranas.

- **Evaluación de habilidades socioemocionales:** Algoritmos de IA pueden analizar la interacción de los estudiantes en foros y chats para evaluar habilidades como la colaboración y la empatía.

- **Asesoramiento en elección de carreras:** Mediante el análisis del rendimiento académico y las preferencias del estudiante, la IA puede sugerir áreas de estudio y profesiones afines.

Ejemplo: **Turnitin utiliza IA para analizar la originalidad de los trabajos y detectar plagio en ensayos académicos.**

¿Cómo afectará la IA al futuro de la educación?

El impacto de la inteligencia artificial en la educación seguirá expandiéndose en los próximos años, transformando la forma en que se enseña y se aprende. Si bien la IA presenta múltiples oportunidades, también plantea desafíos y dilemas éticos

Posibles avances:

- **Aulas inteligentes:** Integración de IA en pizarras digitales y asistentes virtuales para mejorar la experiencia educativa.

- **Educación basada en datos:** Uso de big data para personalizar currículos y estrategias de enseñanza.

- **Expansión del aprendizaje a distancia:** Mayor accesibilidad a la educación para estudiantes en zonas remotas o con dificultades de movilidad.

- **Ética y privacidad:** Desarrollo de regulaciones para proteger la privacidad de los estudiantes y evitar el uso indebido de datos personales.

- **IA como herramienta para profesores:** Automatización de tareas administrativas para que los docentes puedan concentrarse en la enseñanza.

- **Desafíos en la autenticidad del aprendizaje:** Con el auge de herramientas como ChatGPT, será necesario desarrollar métodos de evaluación que fomenten el pensamiento crítico y la creatividad en los estudiantes.

El futuro de la educación con IA no se trata de reemplazar a los profesores, sino de potenciar su labor, permitiéndoles enfocarse en la enseñanza personalizada y el desarrollo del pensamiento crítico en los estudiantes. La inteligencia artificial tiene el potencial de democratizar el acceso a la educación y reducir las brechas de aprendizaje, pero su implementación debe ser equilibrada y guiada por principios éticos sólidos.

La inteligencia artificial está redefiniendo el panorama educativo, ofreciendo nuevas herramientas que mejoran la enseñanza y facilitan el aprendizaje. Sin embargo, su implementación debe ser equilibrada con la supervisión humana y principios éticos sólidos para garantizar un impacto positivo en la educación del futuro.

CAPÍTULO 6: IA en el entretenimiento y las redes sociales

Algoritmos de recomendación en Netflix, YouTube y Spotify

Los algoritmos de recomendación han transformado la manera en que consumimos contenido digital. Plataformas como Netflix, YouTube y Spotify emplean modelos de inteligencia artificial para analizar los patrones de comportamiento de los usuarios y ofrecer sugerencias personalizadas.

Netflix: Utiliza sistemas de filtrado colaborativo e inteligencia artificial para analizar el historial de visualización, las valoraciones y la interacción de los usuarios con el contenido. Mediante modelos como el Aprendizaje Profundo y el Reinforcement Learning, la plataforma optimiza la selección de películas y series según las preferencias individuales.

YouTube: Su algoritmo de recomendación, impulsado por redes neuronales profundas, se basa en múltiples factores como la duración de visualización, el tiempo de retención, los clics y las interacciones. Además, personaliza los videos sugeridos según la actividad reciente del usuario y la tendencia del contenido.

Spotify: Utiliza modelos como el procesamiento de lenguaje natural (NLP) y redes neuronales convolucionales para analizar tanto la estructura del audio como las preferencias del usuario. Herramientas como "Discover Weekly" combinan la colaboración entre usuarios con análisis automáticos de patrones para ofrecer listas de reproducción personalizadas.

Creación de contenido con IA: Imágenes, textos y videos

La IA ha revolucionado la generación de contenido en diversos formatos, permitiendo la creación automática de imágenes, textos y videos con una calidad sorprendente.

- **Imágenes:** Modelos como DALL-E y MidJourney generan imágenes a partir de descripciones textuales, permitiendo la creación de ilustraciones, diseños y arte digital de forma rápida y precisa.

- **Textos:** Plataformas como ChatGPT, Jasper y Copy.ai utilizan modelos de procesamiento de lenguaje natural (PLN) para generar contenido escrito de manera fluida y coherente. Se emplean en la redacción de artículos, guiones, publicaciones en redes sociales y otros formatos de escritura automática.

- **Videos:** Herramientas como Runway ML, Synthesia y DeepBrain AI permiten la creación de videos sintéticos con avatares realistas y narración generada por IA. Esto ha facilitado la producción de videos educativos, promocionales y de entretenimiento con mínima intervención humana.

IA en videojuegos: personajes inteligentes y entornos dinámicos

La IA ha mejorado significativamente la experiencia de los videojuegos, tanto en la inteligencia de los personajes como en la dinámica de los entornos virtuales.

- Personajes no jugables (NPCs) inteligentes: Gracias a la IA, los NPCs han pasado de ser simples rutinas predefinidas a personajes con comportamientos adaptativos. Motores como Unity y Unreal Engine integran algoritmos de machine learning que permiten a los NPCs reaccionar de manera realista a las acciones del jugador.

- Generación procedimental: La IA permite la creación de mundos abiertos y escenarios dinámicos que se adaptan a la forma de jugar de cada usuario. Juegos como "No Man's Sky" utilizan algoritmos de generación procedural para construir entornos únicos en cada partida.

- **Experiencias personalizadas:** Plataformas de gaming han comenzado a usar IA para adaptar la dificultad de los juegos según la habilidad del jugador, optimizando la experiencia sin que se vuelva demasiado fácil o frustrante.

Influencia de la IA en las redes sociales y la personalización de contenido.

Las redes sociales dependen de la IA para optimizar la experiencia de los usuarios, personalizar el contenido y mejorar la interacción dentro de las plataformas.

- **Personalización del feed: Algoritmos de aprendizaje profundo analizan el comportamiento del usuario (likes, comentarios, tiempo de permanencia en publicaciones) para organizar el feed de noticias y priorizar contenido relevante.**

- **Moderación de contenido:** Plataformas como Facebook, Twitter e Instagram emplean IA para detectar y filtrar contenido inapropiado, discurso de odio y desinformación.

- **Creación de tendencias y virales:** La IA identifica patrones de interacción y predice cuál contenido tiene mayor probabilidad de volverse viral, influyendo en lo que los usuarios ven y comparten.

- **Asistentes virtuales y chatbots:** Redes como Messenger y WhatsApp han integrado chatbots impulsados por IA para mejorar la atención al cliente y automatizar interacciones.

la IA ha redefinido la manera en que consumimos entretenimiento y nos relacionamos en las redes sociales, ofreciendo experiencias personalizadas y optimizadas que continúan evolucionando con el tiempo.

CAPÍTULO 7:
IA en la industria, finanzas y comercio

IA en el sector bancario y la detección de fraudes

La inteligencia artificial ha revolucionado el sector bancario, proporcionando herramientas avanzadas para la automatización de procesos, la personalización de servicios y, especialmente, la detección de fraudes. Gracias al uso de algoritmos de machine learning y big data, los bancos pueden analizar grandes volúmenes de transacciones en tiempo real, identificando patrones sospechosos y previniendo actividades fraudulentas de manera mucho más eficiente que los métodos tradicionales.

Análisis predictivo y detección de anomalías

Los sistemas de IA en la banca utilizan técnicas de análisis predictivo y detección de anomalías para identificar posibles fraudes antes de que ocurran. Estos modelos analizan millones de transacciones diarias y buscan señales de alerta como:

- Transacciones atípicas o fuera del patrón habitual del usuario.

- Movimientos financieros en ubicaciones geográficas inusuales.

- Uso de tarjetas de crédito en intervalos de tiempo demasiado cortos.

- Intentos repetidos de acceso a cuentas bancarias desde dispositivos desconocidos.

- Grandes retiros o transferencias a cuentas desconocidas sin historial previo de interacción.

- Múltiples intentos fallidos de autenticación o cambios en datos sensibles de la cuenta.

Machine learning para el reconocimiento de fraudes

El aprendizaje automático ha demostrado ser una herramienta clave en la lucha contra el fraude financiero. Los algoritmos de machine learning pueden entrenarse con datos históricos de transacciones fraudulentas y lícitas, permitiéndoles aprender patrones y mejorar continuamente su capacidad de detección. Algunos de los enfoques más utilizados incluyen:

- Redes neuronales: Modelos avanzados que pueden identificar relaciones complejas entre variables y mejorar la detección de fraudes en tiempo real.

- Random Forest y algoritmos basados en árboles de decisión: Utilizados para clasificar transacciones y predecir la probabilidad de fraude.

- **Modelos de clustering:** Permiten agrupar **comportamientos financieros similares y detectar actividades sospechosas que se alejan de la norma.**

- Modelos de aprendizaje profundo (Deep Learning): **Utilizados para analizar secuencias de transacciones y descubrir** patrones sofisticados que podrían indicar fraude.

- **Sistemas de scoring de riesgo:** Herramientas que asignan puntuaciones de riesgo a cada transacción en función de su similitud con transacciones fraudulentas previas.

IA y biometría en la seguridad bancaria

Otra aplicación de la IA en la banca es el uso de tecnologías biométricas para reforzar la seguridad y evitar accesos no autorizados. Algunos ejemplos incluyen:

- Reconocimiento facial y de voz: Muchas entidades financieras han implementado estos sistemas para la autenticación de usuarios en aplicaciones móviles y plataformas digitales.

- Huella dactilar y escaneo del iris: Tecnologías utilizadas en cajeros automáticos y sistemas de acceso seguro a cuentas bancarias.

Análisis del comportamiento del usuario: Se utilizan modelos de IA para detectar patrones de escritura, velocidad de tipeo y movimientos del cursor, previniendo accesos fraudulentos.

Detección de intentos de suplantación de identidad: Modelos de IA que analizan microexpresiones faciales y cambios en la voz para detectar intentos de fraude mediante deepfakes o métodos de ingeniería social.

Chatbots y asistentes virtuales en la banca

Los bancos han comenzado a implementar chatbots y asistentes virtuales impulsados por IA para mejorar la experiencia del cliente y agilizar procesos. Estas herramientas pueden:

- Atender consultas de clientes las 24 horas del día.

- Procesar solicitudes de transacciones y pagos automáticos.

- Brindar asesoramiento financiero personalizado.

- Identificar intentos de fraude a través de la interacción con los usuarios.

- Automatizar procesos de recuperación de contraseñas y verificación de identidad en caso de acceso sospechoso.

- Utilizar procesamiento de lenguaje natural (NLP) para detectar patrones de fraude en llamadas y mensajes de clientes.

Impacto de la IA en la regulación y cumplimiento normativo

Las instituciones bancarias también emplean IA para garantizar el cumplimiento de normativas financieras, como las leyes contra el lavado de dinero (AML) y la financiación del terrorismo. Los algoritmos de IA pueden:

- Monitorear transacciones sospechosas y reportarlas a las autoridades regulatorias.

- Evaluar el riesgo crediticio de los clientes con mayor precisión.

- Automatizar procesos de verificación de identidad y reducción del fraude en préstamos y créditos.

- Analizar grandes volúmenes de datos en tiempo real para detectar redes de fraude y blanqueo de dinero.

La IA está redefiniendo el sector bancario, haciendo que las transacciones sean más seguras, eficientes y personalizadas. Con avances constantes en machine learning y big data, las entidades financieras continúan perfeccionando sus sistemas de detección de fraudes y mejorando la seguridad de los clientes. Además, la implementación de tecnologías biométricas, chatbots inteligentes y modelos de análisis predictivo fortalece la protección del ecosistema financiero. En un mundo donde las amenazas cibernéticas están en constante evolución, la inteligencia artificial se ha convertido en una aliada indispensable para la seguridad y el cumplimiento normativo en la banca moderna.

◆ CAPÍTULO 8:
Ética, riesgos y desafíos de la Inteligencia Artificial

Sesgo en los algoritmos y discriminación algorítmica

La Inteligencia Artificial ha transformado múltiples aspectos de la sociedad, desde la economía hasta la seguridad, el entretenimiento y la salud. Sin embargo, con su expansión también han surgido dilemas éticos y riesgos significativos. Este capítulo explora algunos de los principales desafíos que enfrenta la IA en la actualidad y las consideraciones éticas que deben guiar su desarrollo e implementación.

Sesgo en los algoritmos y discriminación algorítmica

Uno de los problemas más críticos de la IA es el sesgo en los algoritmos. Estos sistemas aprenden a partir de grandes volúmenes de datos, y si los datos utilizados para su entrenamiento contienen sesgos, los resultados generados también los reflejarán. La discriminación algorítmica puede manifestarse en múltiples ámbitos, como la selección de personal, la concesión de créditos y la vigilancia policial.

Orígenes del sesgo en la IA

- Datos de entrenamiento defectuosos: Si los datos de entrenamiento contienen prejuicios históricos, la IA perpetuará esas desigualdades.

- Diseño del algoritmo: Los modelos pueden estar programados de manera que favorezcan o desfavorezcan ciertos grupos.

- Falta de diversidad en el desarrollo: La ausencia de equipos diversos al diseñar IA puede limitar la capacidad de los sistemas para ser

justos e inclusivos.

Ejemplos y consecuencias

- En el ámbito financiero, los algoritmos pueden negar préstamos a personas de ciertos grupos sociales debido a datos históricos sesgados.

- En la justicia penal, algunos

sistemas de predicción del crimen han mostrado tendencias discriminatorias contra minorías.

- En la selección de personal, IA mal entrenadas pueden descartar candidatos con base en características irrelevantes o discriminatorias.

Soluciones posibles

- Uso de bases de datos más representativas y diversas.

- Auditoría y transparencia en los modelos de IA.

- Implementación de regulaciones que garanticen la equidad algorítmica.

Desempleo tecnológico: ¿amenaza o evolución?

El avance de la IA ha automatizado numerosas tareas, generando inquietudes sobre el futuro del empleo. Si bien muchas profesiones se han visto afectadas, también han surgido nuevas oportunidades laborales en la industria tecnológica y en sectores que requieren habilidades humanas difíciles de replicar.

Impacto en distintos sectores

- **Manufactura:** Los robots industriales han reemplazado trabajos repetitivos, reduciendo costos pero eliminando empleos.

- **Servicios:** Chatbots y asistentes virtuales han reemplazado funciones de atención al cliente.

- **Transporte:** Vehículos autónomos pueden reducir la necesidad de conductores de taxis y camiones.

Perspectivas de futuro

Reskilling y upskilling: La adaptación del talento humano a nuevas habilidades tecnológicas es clave.

- **Colaboración humano-máquina:** En lugar de reemplazar trabajadores, la IA puede mejorar su productividad.

- **Nuevas industrias:** El desarrollo de la IA genera oportunidades en ciberseguridad, ciencia de datos y ética tecnológica.

Privacidad y seguridad de los datos en la era de la IA

La recopilación masiva de datos ha sido fundamental para el éxito de la IA, pero también ha generado preocupaciones sobre la privacidad y la seguridad. Los usuarios generan grandes volúmenes de información diariamente, y su protección es un reto clave.

Principales riesgos

- Vigilancia masiva: **Gobiernos y empresas pueden utilizar IA para rastrear y analizar el comportamiento de las personas.**

- Robo de datos: **Los sistemas de IA son objetivos atractivos para hackers que buscan explotar**

103

información personal.

Deepfakes y manipulación: La IA puede generar contenido falso que desinforma y atenta contra la credibilidad pública.

Estrategias para la protección de datos

- Regulaciones como el GDPR en Europa establecen normas estrictas sobre el uso de datos personales.

- Técnicas como el aprendizaje federado permiten entrenar IA sin necesidad de compartir datos sensibles.

- Mayor educación digital para que los usuarios comprendan los riesgos y tomen decisiones informadas sobre su privacidad.

IA y dilemas éticos: responsabilidad en la toma de decisiones

A medida que la IA asume más responsabilidades en la toma de decisiones, surge la pregunta de quién es responsable cuando algo sale mal. Los dilemas éticos relacionados con la IA incluyen:

Autonomía y control

- ¿Debe la IA tomar decisiones críticas sin supervisión humana?

- ¿Cómo se asegura que las decisiones de la IA sean comprensibles y auditables?

Responsabilidad legal

- En caso de errores de IA, ¿quién es responsable? ¿El desarrollador, la empresa que la usa o la IA misma?

- La falta de un marco legal claro complica la asignación de responsabilidades

Impacto en la sociedad

- La IA puede reforzar desigualdades si no se diseña con principios de equidad.

- Es necesario un equilibrio entre innovación tecnológica y protección de derechos humanos.

La IA ofrece enormes beneficios, pero también presenta desafíos éticos y riesgos significativos. Para garantizar que su desarrollo e implementación sean responsables, es crucial abordar el sesgo algorítmico, mitigar el desempleo tecnológico, reforzar la seguridad de los datos y establecer marcos éticos y legales adecuados. La colaboración entre gobiernos, empresas y sociedad es clave para construir un futuro donde la IA sirva al bien común sin comprometer principios fundamentales.

◆ CAPÍTULO 9: El Futuro de la Inteligencia Artificial

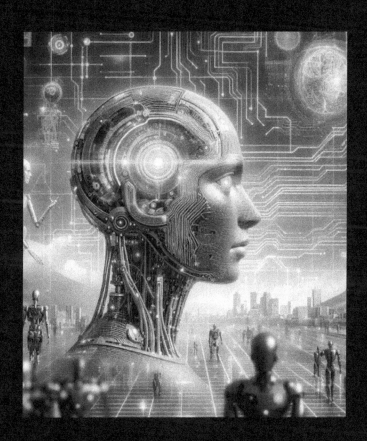

La inteligencia artificial (IA) está en constante evolución y su futuro promete desarrollos aún más transformadores. A medida que los algoritmos avanzan, su impacto en la sociedad, la economía y la ética se vuelve más significativo. En este capítulo, exploraremos las tendencias y avances que definirán la próxima era de la IA.

Automatización avanzada y el futuro del trabajo

La IA seguirá revolucionando el mercado laboral mediante la automatización de tareas y la creación de nuevas oportunidades. La clave estará en la adaptación de los trabajadores y la redefinición de los roles laborales.

- **Automatización en múltiples sectores:** Desde la manufactura hasta los servicios financieros, la IA reducirá la necesidad de mano de obra en tareas repetitivas y operativas.

- **Sinergia entre humanos e IA:** Se desarrollarán sistemas de inteligencia aumentada, donde la

IA complementará el trabajo humano en lugar de reemplazarlo.

- Capacitación y reskilling: Será esencial la formación en nuevas habilidades digitales y la adaptación a la era de la IA.

- Nuevas oportunidades laborales: La creación de empleo en áreas como ética de la IA, ciberseguridad y desarrollo de modelos de inteligencia artificial se incrementará significativamente.

IA y personalización extrema

El futuro de la IA estará marcado por la hiperpersonalización en diversos sectores, permitiendo experiencias adaptadas a cada usuario de forma dinámica y precisa.

- Salud de precisión: Modelos de IA capaces de predecir enfermedades, personalizar tratamientos y optimizar diagnósticos con base en datos genéticos e históricos médicos.

- Educación inteligente: Plataformas de aprendizaje adaptativo que ajustarán contenidos y metodologías a las necesidades individuales de los estudiantes.

- Experiencia del consumidor: Sistemas de recomendación avanzados que optimizarán la oferta de productos y servicios según hábitos de consumo y preferencias.

Avances en IA general y conciencia artificial

A medida que la investigación en IA avanza, el desarrollo de una inteligencia artificial general (AGI) se vuelve más plausible. Este tipo de IA podría ejecutar tareas cognitivas de manera similar a los humanos, representando uno de los mayores desafíos y oportunidades tecnológicas de la humanidad.

- **IA con razonamiento autónomo:** Modelos capaces de adaptarse a distintos contextos sin entrenamiento específico, mejorando la toma de decisiones en escenarios complejos.

- **Interacción humano-IA más intuitiva:** Desarrollo de asistentes virtuales y robots con mayores capacidades de comprensión emocional y comunicación natural.

Ética y riesgos de la AGI: La posibilidad de que una IA altamente autónoma tome decisiones sin intervención humana plantea dilemas filosóficos, regulatorios y de seguridad global.

IA y sostenibilidad

La IA jugará un papel esencial en la optimización de recursos y la mitigación del impacto ambiental a través de soluciones tecnológicas avanzadas.

- **Optimización del consumo energético:** Algoritmos que mejorarán la eficiencia energética en ciudades, industrias y hogares.

- **Agricultura y producción alimentaria:** Implementación de IA en el monitoreo de cultivos, predicción de cosechas y reducción del desperdicio de alimentos

Modelos predictivos para el cambio climático: Mayor precisión en la predicción de fenómenos climáticos extremos y optimización de estrategias de mitigación y adaptación.

Regulación y ética en la IA del futuro

Con el avance de la IA, la necesidad de establecer regulaciones sólidas y principios éticos será crucial para evitar abusos y garantizar un desarrollo responsable.

- **Normativas internacionales:** Creación de marcos legales que regulen el uso de la IA en distintos sectores y países.

- **Transparencia y explicabilidad:** Desarrollo de IA que permita comprender cómo se toman decisiones, evitando cajas negras en algoritmos críticos.

- **Protección de derechos humanos y privacidad:** Implementación de estándares de seguridad que prevengan el uso indebido de datos personales y la discriminación algorítmica.

Ética en la toma de decisiones autónomas: Definición de límites en la autonomía de la IA para evitar riesgos en sectores como la justicia, la medicina y la seguridad.

El futuro de la IA traerá avances sin precedentes, impulsando la eficiencia y la innovación en múltiples ámbitos. Sin embargo, su desarrollo también requiere una supervisión ética y regulatoria para evitar consecuencias negativas. La colaboración entre gobiernos, empresas, investigadores y la sociedad será esencial para garantizar un futuro donde la inteligencia artificial beneficie a toda la humanidad.

📌 Conclusión

A lo largo de este ebook, hemos explorado el impacto de la IA en diversos aspectos de nuestra vida cotidiana, desde el hogar y el entretenimiento hasta la industria, las finanzas y el futuro del desarrollo tecnológico. Hemos analizado cómo la IA ha transformado la manera en que interactuamos con la tecnología, optimizamos recursos y tomamos decisiones más eficientes.

Resumen de los puntos clave.

- IA en la vida cotidiana: **Asistentes virtuales, dispositivos inteligentes y domótica han hecho nuestras rutinas más eficientes y personalizadas.**

- IA en el entretenimiento y redes sociales: **Algoritmos de recomendación, creación de** contenido automatizado y videojuegos inteligentes han revolucionado la manera en que consumimos información y nos divertimos.

- IA en la industria, finanzas y comercio: Desde la detección de fraudes hasta la automatización en cadenas de suministro, la IA ha generado una revolución en la economía global.

- El futuro de la IA: Avances en modelos de lenguaje, robótica y automatización continúan expandiendo las fronteras de lo posible.

Reflexiones finales sobre el impacto de la IA

La IA es una herramienta poderosa que ha redefinido la forma en que vivimos, trabajamos y nos relacionamos con el mundo digital. Su impacto es innegable y, aunque presenta desafíos éticos y técnicos, también ofrece oportunidades para mejorar la calidad de vida, aumentar la productividad y fomentar la innovación en diversos sectores.

Si bien la automatización podría generar cambios en el mercado laboral, también abre la puerta a nuevas profesiones y formas de trabajo que requieren habilidades centradas en la gestión y el desarrollo de tecnologías de IA. El equilibrio entre la adopción tecnológica y la regulación ética será clave para maximizar sus beneficios y minimizar sus riesgos.

Cómo prepararnos para un mundo impulsado por la IA.

Para aprovechar el potencial de la IA y mitigar sus desafíos, es fundamental adoptar una actitud proactiva. Algunas estrategias incluyen:

- Educación y capacitación: Aprender sobre IA, desde sus conceptos básicos hasta su aplicación en distintos sectores, nos permitirá adaptarnos mejor a los cambios tecnológicos.

- Desarrollo de habilidades humanas: La creatividad, el pensamiento crítico y la inteligencia emocional serán clave en un mundo donde la automatización asume tareas repetitivas.

El futuro de la IA está en constante evolución, y depende de nosotros aprovechar sus beneficios mientras gestionamos sus desafíos de manera inteligente y ética. Con el conocimiento y la preparación adecuados, podemos construir un futuro donde la IA sea una aliada en la mejora de la sociedad y la calidad de vida global